Made in the USA
Monee, IL
24 September 2022

14609637R00111